BEI GRIN MACHT SICH IHR WISSEN BEZAHLT

- Wir veröffentlichen Ihre Hausarbeit, Bachelor- und Masterarbeit

- Ihr eigenes eBook und Buch - weltweit in allen wichtigen Shops

- Verdienen Sie an jedem Verkauf

Jetzt bei www.GRIN.com hochladen und kostenlos publizieren

Wie funktioniert eine Befragung? Die Operationalisierung in der empirischen Forschung

Sebastian Schult

Bibliografische Information der Deutschen Nationalbibliothek:

Die Deutsche Nationalbibliothek verzeichnet diese Publikation in der Deutschen Nationalbibliografie; detaillierte bibliografische Daten sind im Internet über http://dnb.d-nb.de abrufbar.

ISBN: 9783656909378
Dieses Buch ist auch als E-Book erhältlich.

Druck und Bindung: Books on Demand GmbH, Norderstedt Germany
Gedruckt auf säurefreiem Papier aus verantwortungsvollen Quellen

Das vorliegende Werk wurde sorgfältig erarbeitet. Dennoch übernehmen Autoren und Verlag für die Richtigkeit von Angaben, Hinweisen, Links und Ratschlägen sowie eventuelle Druckfehler keine Haftung.

Das Buch bei GRIN: https://www.grin.com/document/293416

Inhaltsverzeichnis

1. Einleitung

Jeder kann Fragen stellen. Aber wie schwierig ist es, verwertbare Antworten zu erhalten? Will ein Lehrer den Wissensstand seiner Schüler überprüfen, sollte er ihnen nicht die Frage stellen, wie informiert sie über den Schulstoff sind. Natürlich würde er Antworten erhalten. Aber sollte er einem Schüler die Note 1 geben, nur weil dieser ihm berichtet, sein Wissenstand sei sehr gut? Natürlich nicht. Bei diesem einfachen Beispiel ist ersichtlich, dass der Lehrer keine Erkenntnisse über den Wissensstand des Schülers gesammelt hätte – sondern wertlose Daten. Wer Menschen befragt, erhält zwangsläufig Antworten. Wer aber empirisch verwertbare Antworten erhalten möchte, braucht eine Operationalisierung. Sie gewährleistet zumindest weitgehend, dass Fragen relevante Informationen ergeben – und Unklarheiten bei der Auswertung vermieden werden.

Wie funktioniert die Operationalisierung in der empirischen Kommunikationsforschung? Dieser Frage widme ich mich in dieser Arbeit. Dabei konzentriere ich mich vor allem auf die Gegenstandsbenennung, Validität, Hypothesen, Variablen und Indikatoren.

2. Gegenstände der Operationalisierung

Bei einer empirischen Untersuchung stellen Forscher Fragen, die zu verwertbaren Antworten führen sollen. Diese Fragen werden gemeinhin als Forschungs- oder auch Programmfragen bezeichnet. Um jedoch von den Probanden (Befragten) Antworten mit relevanten Informationen zu erhalten, müssen Forscher ihre Fragen in jene Testfragen übersetzen, die sie letztlich ihren Befragten stellen. Dieser Umwandlungsprozess nennt sich Operationalisierung (vgl. Scholl 2003, S. 140). Ich komme noch einmal auf das Eingangsbeispiel zurück: Der Lehrer stellt sich also die Forschungsfrage:

Wie informiert sind meine Schüler über den aktuellen Schulstoff? Sehr gut, gut, befriedigend, ausreichend, mangelhaft oder ungenügend?

Verzichtet er auf den Prozess der Operationalisierung, so erhält er jenes Ergebnis, das ich bereits in der Einleitung beschrieben habe. Will er den Wissensstand tatsächlich überprüfen, so könnte der Lehrer die Schüler eine Klassenarbeit schreiben lassen, in der er relevante Wissensfragen formuliert. Wissensfragen, die eine Übersetzung der besagten Forschungsfrage darstellen. In diesem Fall würde er operationalisieren – und mit großer Wahrscheinlichkeit verwertbare Informationen zum Untersuchungsgegenstand erhalten.

2.1. Gegenstandsbenennung

Mit einer Befragung lassen sich die Phänomene unserer Welt nie vollständig, sondern nur partiell untersuchen. Deshalb ist eine ausführliche *Gegenstandsbenennung* sehr wichtig. Zu diesem Zweck sollte sich der Forscher folgende Fragen stellen:

Welchen Zeitraum soll die Erfassung umspannen (Momentaufnahme, Langzeitbeobachtung etc.)? Welche Personengruppen werden angesprochen?

Letzteren Aspekt bezeichnet man als *Gegenstandsbereich*. Wichtig ist auch der *Feldzugang*, der die Frage beinhaltet, wie man Zugang zu den relevanten Personengruppen erhält. Die Gegenstandsbenennung ordnet sowohl manifeste Erscheinungen als auch abstrakte Gedanken. Diese Ordnung wird aus unterschiedlichen Formen der *Klassifikation* erzielt, aber auch aus sogenannten *Typologien*. Bei der Klassifikation handelt es sich um die Zusammenfassung einer bestimmten Anzahl von Eigenschaften bzw. Dimensionen; Typologien sortieren dagegen eine große Menge an Erscheinungen, indem sie diese verschiedenen Gruppen zuordnen, die sich voneinander unterscheiden lassen (vgl. Atteslander 1993, S. 57-61).

2.2. Begriffsdefinition

Die Gegenstandsbenennung erfordert eine Hypothese. Dabei handelt es sich wesentlich um eine Aussage, die eine „wenn-dann"-Beziehung aufweist, widerspruchsfrei, falsifizierbar und operationalisierbar ist sowie mindestens zwei auf semantischer Ebene hochwertige Begriffe beinhaltet. Diese Begriffe müssen somit klar definiert sein, also immer einen Zusammenhang zwischen Merkmalen und Objekten erkennen lassen und (in der empirischen Sozialforschung) einen klaren Bezug zur Wirklichkeit enthalten. Ich erläutere das am Beispiel *Stadt*: Vor der Hypothesen-Formulierung und Gegenstandsbenennung muss der Forscher klären, was er unter diesem Begriff versteht, welches Kriterium (z. B. Einwohnerzahl) hierfür in seiner Forschung im Vordergrund steht. Begriffe sind also nie allgemeingültig, d. h. sie sind in ihrer Definition grundsätzlich abhängig vom Forschungskontext (vgl. Atteslander 1993, S. 61-64).

2.3. Formulierung von Hypothesen

Die Formulierung von Hypothesen ist ein sehr komplexer Vorgang, den ich hier nicht vollständig abbilden kann. Deshalb fasse ich ihn an einem vereinfachten Beispiel aus George Caspar Homans´ Interaktionstheorie (vgl. Homans 1958, S. 597-606) zusammen: Homans geht davon aus, dass in einer Gruppe von Charakteren Verbindungen bestehen zwischen ihren Tätigkeiten, Interaktionen und Gefühlen. Demnach müssten Forscher die Gefühle nicht zwangsläufig durch Fragen ergründen; sie könnten das auch durch die Beobachtung der Tätigkeiten und Interaktionen erreichen. Bei einer allgemeinen Hypothese wie „Je höher der soziale Rang eines Individuums in der Gruppe, desto größer ist seine Übereinstimmung mit den Gruppennormen." (vgl. Atteslander 1993, S. 66) müssten also Situationsbedingungen festgelegt und daraus Prüfungshypothesen abgeleitet werden. Die Situationsbedingungen sollten sich nicht nur auf eine Personengruppe beschränken. Auch die Übereinstimmung mit den Gruppennormen sollte nicht nur bei Personen mit hohem Rang erforscht werden. Eine Situationsbedingung könnte darin bestehen, dass eine Person in einer Jugendgruppe den höchsten sozialen Rang einnimmt. Nun muss der Forscher Prüfungshypothesen formulieren. Der genannten Situationsbedingung lässt sich z. B. die Prüfungshypothese zuordnen, dass die Person in der Jugendgruppe am stärksten mit den Gruppennormen übereinstimmt. Bestätigen sich nun die gesammelten Prüfungshypothesen (die unterschiedliche Personengruppen abdecken), so ist die allgemeine Hypothese vorläufig verifiziert (ein Zusammenhang zwischen sozialem Rang und Normenübereinstimmung wäre also wahrscheinlich). Bestätigen sie sich nicht, ist sie falsifiziert – in diesem Fall darf der Forscher annehmen, dass das Ergebnis endgültig ist. Eine Verifikation hingegen muss er immer als vorläufig betrachten, da die allgemeine Hypothese später möglicherweise noch falsifiziert werden muss (vgl. Atteslander 1993, S. 64-67).

2.4. Variablen

Zur Klärung der folgenden Begriffe nenne ich ein weiteres Beispiel: Durch eine Befragung soll ermittelt werden, ob es einen Zusammenhang zwischen Schulabschluss und politischem Interesse eines Menschen gibt. Der erste Begriff umfasst Ausprägungen wie „Hauptschulabschluss", „Realschulabschluss" oder „Abitur". Politisches Interesse hingegen lässt sich mit den Attributen „niedrig", „mäßig" und „hoch" klassifizieren. Die Begriffe „Schulabschluss" und „politisches Interesse" enthalten also verschiedene Ausprägungen und sind demnach Variablen, während die Begriffe „Abitur", „mäßig" (etc.) als *Variablenwerte* bezeichnet werden.

Es gibt verschiedene Arten von Variablen: Zum einen ist die Einteilung in *dichotome, diskrete* und *stetige* Variablen sinnvoll, zum anderen die Differenzierung zwischen *manifesten* und *latenten* Variablen. Dichotome Variablen umfassen lediglich zwei unterschiedliche Werte (z. B. Tag / Nacht), diskrete Variablen hingegen eine überschaubare Anzahl (z. B. die Farben einer Ampel) und stetige Variablen die reellen Zahlen. Die Beispielvariablen „Schulabschluss" und „politisches Interesse" zählen somit zu den diskreten Variablen. Bei der Unterscheidung von manifesten und latenten Variablen zählt ihre Beobachtbarkeit. Ist sie direkt beobachtbar, gehört sie zu den manifesten Variablen – im gegengesetzten Fall zu den latenten Variablen. Der „Schulabschluss" ist somit eine manifeste Variable, das „politische Interesse" hingegen eine latente (vgl. Schnell 1999, S. 124 f.).

2.5. Indikatoren

Wer mit einer Befragung theoretische Begriffe wie die „Bildung" der Gesellschaft erforschen möchte, braucht manifeste Variablen, die den theoretischen Begriff anzeigen. Diese manifesten Variablen werden als *Indikatoren* bezeichnet. Sie sind durch Korrespondenzregeln mit dem theoretischen Konstrukt verknüpft. Dadurch erhalten sie eine Bedeutung, die über die direkte Beobachtbarkeit hinausgeht (vgl. Kromrey 2002, S. 170). So ist die Variable „Schulabschluss" deshalb ein Indikator, weil sie ein Indiz liefert für die Bildung eines Menschen (vgl. Schnell 1999, S. 125).

In der empirischen Kommunikationsforschung ist auch die *Validität* bedeutend, also die Gültigkeit der jeweiligen Indikatoren. In diesem Zusammenhang ist eine Klassifikation der Indikatoren nützlich. Stefan Nowak unterscheidet zwischen *definitorischen, korrelativen* sowie *schlussfolgernden* Indikatoren (vgl. Nowak 1963, S. 31-46).

2.5.1. Definitorische Indikatoren

Ein definitorischer Indikator liegt dann vor, wenn durch ihn die jeweilige Variable erst hervorgerufen wird. So ist der „Schulabschluss" ein definitorischer Indikator für „formale Schulbildung", da sie sich aus dem Schulabschluss erklärt. Der Bedeutungsgehalt von Indikator und Variable ist hier identisch.

2.5.2. Korrelative Indikatoren

Bei einem korrelativen Indikator ist dies hingegen nicht der Fall. Stattdessen kommt es hier auf den mehr oder minder starken Zusammenhang an, der zwischen zwei oder mehr Variablen bestehen kann. Folgendes Beispiel:

Je höher der Schulabschluss, desto höher die Intelligenz.

Gilt dies, so korrelieren „Schulabschluss" und „Intelligenz" positiv miteinander. Der Bedeutungsgehalt beider Variablen ist zwar nicht identisch, es besteht jedoch ein Zusammenhang – vorausgesetzt, die Annahme trifft zu. Somit wäre der „Schulabschluss" ein korrelativer Indikator für „Intelligenz". Nowak unterscheidet hier zusätzlich zwischen *internen* und *externen* korrelativen Indikatoren. Beide erkläre ich an folgender (natürlich sehr streitbarer) Definition:

Luxus ist der Besitz eines Kontostandes, der weit höher ist, als die Geldwerte, die pro Monat für den existenziellen Grundbedarf benötigt werden.

Ausgehend von dieser Definition entspricht der „Kontostand" einem internen korrelativen Indikator für „Luxus" – intern deshalb, weil er Bestandteil der Definition für Luxus ist. Von einem externen korrelativen Indikator spricht man hingegen dann, wenn er nicht zur jeweiligen Definition gehört. Angenommen, es gälte folgender Zusammenhang:

Je höher der Luxus eines Menschen, desto teurer sind seine Autos.

Bei dem „Autowert" würde es sich dann um einen externen korrelativen Indikator handeln, da es laut dieser Annahme einen Zusammenhang zwischen Luxus und den Preisen der Autos gibt – der jedoch nichts daran ändert, dass der Autowert kein Bestandteil der Definition ist.

2.5.3. Schlussfolgernde Indikatoren

Schlussfolgernde Indikatoren verweisen auf Variablen, die nicht direkt beobachtbar sind. So sind z. B. „Apathie" und „Desillusionierung" menschliche Eigenschaften, die sich nur vage durch Korrespondenzregeln erschließen lassen – indem manifeste Eigenschaften beobachtet werden.

2.5.4. Validität der Indikatoren

Die Validität der schlussfolgernden Indikatoren lässt sich am schwersten überprüfen. Denn dazu müsste der Forscher ergründen, welchen konkreten Zusammenhang es zwischen Indikator und jener Eigenschaft gibt, auf die er verweisen soll. Das ist jedoch kaum möglich. Stattdessen muss der Forscher darauf vertrauen, dass seine Korrespondenzregeln korrekt sind. Auch die externen korrelativen Indikatoren sind in ihrer Validität umstritten, da die Konstanz des jeweiligen Zusammenhanges nicht belegbar ist. So ist z. B. die Annahme nicht sinnvoll, dass nur Menschen mit teuren Autos im Luxus leben. Schließlich hat nicht jeder luxuriös lebende Mensch auch Interesse an Autos. Eine höhere Validität haben dagegen die internen korrelativen Indikatoren, obgleich auch diese umstritten sind. Doch immerhin sind diese Indikatoren Bestandteil der Begriffsdefinition, was zumindest ein Indiz für eine Teilgültigkeit ist. Definitorische Indikatoren sind hingegen vollständig valide, da der Bedeutungsgehalt von Begriff und Indikator bekanntermaßen identisch ist (vgl. Kromrey 2002, S. 172-175). Auf den Begriff der Validität gehe ich in Kapitel 1.7 näher ein.

2.6. Der Index

Wer Indikatoren nutzt, sollte bedenken: Ein einzelner Indikator kann nur bedingt einen Begriff operationalisieren. Wer dagegen mit mehreren Indikatoren arbeitet, reduziert die Messfehler. Dabei entstehen jedoch Abweichungen der jeweiligen Messdimensionen und eine Redundanz – also eine durch viele Indikatoren bedingte Mehrfachmessung eines identischen Gesichtspunktes. Um dieses Problem zu vermeiden, sollten Forscher einen Index erstellen, der die jeweiligen Indikatoren zu einem Begriff zusammenfasst. Wichtig: Ein Index lässt sich nur dann erstellen, wenn die jeweiligen Indikatoren positiv miteinander korrelieren und die Abhängigkeit der Indikatoren-Teildimensionen zur Variable entweder in allen Fällen positiv oder in allen Fällen negativ ist. Ich erkläre das erneut am Beispiel des Luxus´: Diesen definiere ich als den Besitz eines Kontostandes, der weit höher ist, als die Geldwerte, die pro Monat für den existenziellen Grundbedarf benötigt werden. Zusätzlich stelle ich folgende Beziehung auf:

Je höher der Kontostand, desto höher der Wert der Wohnungseinrichtung.

Sowohl die Indikatoren untereinander („Kontostand" und „Wohnungseinrichtung") als auch Indikatoren und Variable („Luxus") korrelieren positiv miteinander, so dass hier eine

Indexbildung (z. B. „Kontostand" und „Wohnungseinrichtung" zu „sozialer Status") möglich ist (vgl. Kromrey 2002, S. 177-182).

2.7. Operationale Validität

Gemeinhin gilt eine Operationalisierung dann als valide, wenn es gelingt, die theoretische Ebene in die gegenständliche Beobachtungsebene zu übersetzen. Damit das gelingt, muss der Forscher die Indikatoren gewissenhaft auswählen. Denn nur valide Indikatoren ermöglichen eine valide Operationalisierung. In den folgenden Abschnitten erläutere ich zwei Validitätsdimensionen: die *semantische* und die *empirische* Validität.

2.7.1. Semantische Validität

Die semantische – oder auch (sprach-)logische – Validität beinhaltet die sprachliche Beziehung zwischen der Begriffsdefinition und der operationalen Vorschrift. Die Frage ist also, ob deren Bedeutungsgehalt identisch ist. Mit anderen Worten: Werden die Indikatoren aufgrund relevanter Korrespondenzregeln ausgewählt, ist von einer semantischen Validität des Operationalisierungsvorganges die Rede. Am folgenden Beispiel erläutere ich die Ergebnismöglichkeiten zur semantischen Validität: Der Forscher möchte die Zufriedenheit eines Schülers mit seiner Klassengemeinschaft analysieren. Dafür unternimmt er vier Versuche:

Versuch 1: Er stellt dem Schüler Fragen, die sämtliche Bedeutungsdimensionen dieses spezifischen Zufriedenheitsbegriffes beinhalten. Begriffsdefinition und operationale Vorschrift sind hier äquivalent – eine semantische Gültigkeit liegt also nahe.

Versuch 2: beinhaltet dagegen nur die Frage zu einer Bedeutungsdimension des Begriffes (z.B.: Gefällt dir die Anzahl der Schüler in der Klasse?). In diesem Fall ist die operationale Vorschrift lediglich ein Teil der Begriffsdefinition. Demnach liegt hier nur eine bedingte semantische Äquivalenz vor.

Versuch 3: Der Forscher stellt die Frage nach dem Wohlbefinden in der Schule. Dabei umfasst die operationale Vorschrift sowohl die Begriffsdefinition als auch eine Vielzahl weiterer Aspekte, da ein Wohlbefinden in der Klasse noch lange kein Wohlbefinden in der Schule bedeutet. Somit decken sich die Bedeutungen erneut nur bedingt.

Versuch 4: beinhaltet schließlich die Frage nach der Sympathie gegenüber Freunden und Bekannten. Hier überschneiden sich Begriffsdefinition und operationale Vorschrift teilweise, da die Freunde und Bekannten sowohl Mitschüler als auch sonstige Personen sein können. Mitschüler müssen also nicht zwangsläufig zu den Freunden und Bekannten und letztere wiederum nicht zwangsläufig zu den Schülern gehören. Somit liegt auch hier nur eine bedingte Äquivalenz vor (vgl. Kromrey 2002, S. 193-196).

2.7.2. Empirische Validität

Die empirische Validität einer Operationalisierung ergibt sich aus der Frage, inwiefern der jeweilige Indikator durch den Messvorgang verfälscht oder inwiefern er vom Messverfahren originalgetreu abgebildet wird. Ohne Verfälschungen liegt eine empirische Validität nahe. In den meisten Fällen sind die operationalen Vorschriften jedoch nicht fehlerfrei. Will ein Forscher z. B. herausfinden, wie häufig die Gruppe der Jugendlichen (14-18 Jahre) Datenträger in einer Videothek ausleiht, würde er sicher nicht sämtliche Kundenkarteien des Landes sichten – das wäre viel zu aufwendig. Stattdessen befragt er diese Personengruppe stichprobenartig. Definiert er die Ausleihhäufigkeit als Anzahl entliehener Videothekenartikel innerhalb eines bestimmten Zeitraumes und beinhaltet seine operationale Vorschrift die Frage nach der Anzahl dieser Artikel innerhalb des genannten Zeitraumes, so liegt eine semantische Validität vor. Diese muss jedoch keine empirische Validität bedeuten, da die Angaben der Personen nicht zwangsläufig mit der Anzahl der realen Leihgeschäfte übereinstimmen müssen. Möglich ist vielmehr, dass sich Personen über- oder auch unterschätzen und somit eine hohe empirische Validität verhindern (vgl. Kromrey 2002, S. 196 f.).

2.8. Messfehler

Zwei Arten von Messfehler können bei einer Operationalisierung auftreten. So besteht einerseits die Gefahr, dass bereits das Messinstrument Verfälschungen hervorruft. Andererseits kann auch die Erhebungssituation Fehler verursachen. Das Messinstrument ist unter anderem dann fehlerhaft, wenn eine semantische Validität nicht oder nur bedingt vorliegt – also Begriffsdefinition und operationale Vorschrift nicht die gleiche Bedeutung haben. So ist der in Kapitel 1.7.1 beschriebene Versuch 3 ein Beispiel für Fehler des Messinstrumentes, da das Wohlbefinden in der Klasse nicht identisch ist mit dem (vom Indikator erfragten) Wohlbefinden in der Schule. Fehlerhaft kann ein Messinstrument allerdings auch bei voller semantischer Validität sein. Probleme könnten beispielsweise unverständliche Fachtermini oder Suggestivfragen bereiten. Ebenso unabhängig von der

11

semantischen Validität sind jene Fehler, die aus der Erhebungssituation resultieren. Ein grundsätzliches Problem ist dabei die Rolle des wissenschaftlichen Beobachters einer Befragung – schließlich kann dessen Einfluss auf die Befragten nie vollständig ergründet werden. Weiterhin können Probleme aus dem Interviewer-Verhalten oder aus dessen Verhältnis zum Befragten resultieren. Möglich wäre unter anderem der Drang eines Befragten, sich gegenüber dem Interviewer positiv darzustellen (vgl. Kromrey 2002, S. 197 ff.).

3. Schlussbetrachtung

Die angerissenen Inhalte zeigen, wie komplex jene Gegenstände sind, die bei einer Operationalisierung Aufmerksamkeit verdienen – und wie unerlässlich sie für den Gewinn von empirisch verwertbaren Informationen sind. Ohne Begriffsdefinitionen lassen sich keine Hypothesen bilden, ohne Hypothesen ist keine Gegenstandsbenennung möglich. Letztere ist wiederum deshalb wichtig, weil der Forscher ansonsten nicht wüsste, was und wie er überhaupt messen möchte. Ebenso unverzichtbar sind Variablen und Indikatoren, ohne die es keine sichtbare Verknüpfung zwischen direkter Beobachtung sowie theoretischem Konstrukt gäbe. Auch die Frage nach der Validität ist bedeutsam. Ohne sie wäre es schließlich nicht möglich, Fehler des Messinstrumentes vorzubeugen. Entsprechend hoch ist somit die Bedeutung der Operationalisierung, ohne die eine Befragung keine relevanten Ergebnisse erzielen könnte.

4. Literaturverzeichnis

Atteslander, Peter (1993): Methoden der empirischen Sozialforschung, 7. Auflage. Berlin, S. 57-71.

Homans, George Caspar (1958): Social behaviour as exchange. In: American Journal of Sociology, 63. Jg., Heft 6, S. 597-606.

Kromrey, Helmut (2002): Empirische Sozialforschung: Modelle und Methoden der standardisierten Datenerhebung und Datenauswertung, 10., vollständig überarbeitete Auflage. Opladen.

Möhring, Wiebke; Schlütz, Daniela (2003): Die Befragung in der Medien- und Kommunikationswissenschaft: Eine praxisorientierte Einführung. Wiesbaden.

Nowak, Stefan (1963): Correlational, definitional and inferential Indicators. In: Polish Sociological Bulletin, 8. Jg., Heft 2, S. 31-46.

Schnell, Rainer; Hill, Paul B.; Esser, Elke (1999): Methoden der empirischen Sozialforschung, 6., völlig überarbeitete und erweiterte Auflage. München.

Scholl, Armin (2003): Die Befragung. Sozialwissenschaftliche Methode und kommunikationswissenschaftliche Anwendung. Konstanz.